Dedicatória

Este livro é dedicado a minha família, amigos, clientes, parceiros e colaboradores que tanto me fizeram aprender ao longo de minha vida. A vocês, que foram meus apoiadores incansáveis, meus conselheiros e minha fonte constante de inspiração.

Minha família, que sempre esteve ao meu lado, me incentivando a perseguir meus sonhos e me apoiando em todas as minhas decisões.

Amigos, que foram meus companheiros de jornada e que me ajudaram a enxergar as coisas de maneira diferente.

Meus clientes, que confiaram em mim e me deram a oportunidade de aplicar meus conhecimentos e habilidades. Parceiros e colaboradores, em especial Thiago Veronese, Thaynara Aleotte, Lucas Cali, Ana Mery, Alaerte, Marino Thobias e Renata Mesquita que foram minhas mãos e pés, me ajudando a alcançar minhas metas e sonhos.

Este livro é dedicado em especial ao meu sócio João Paulo Amorim, um empresário incansável que sempre acreditou em meu potencial e construiu ao meu lado uma grande empresa de mobilidade. João sempre foi meu parceiro de negócios e amigo, sempre disposto a me dar suporte e ajudar a encontrar soluções para os desafios que surgiam.

Com sua visão empreendedora e sua capacidade de liderança, juntos construímos uma empresa que revolucionou a forma como as pessoas se deslocam e que tem um papel importante na história da mobilidade urbana brasileira.

Este livro é fruto de todas as experiências e aprendizados que tive ao longo da minha vida e carreira profissional, e é com muita gratidão que o dedico a vocês.

Obrigado por serem minha fonte de inspiração e por me ajudarem a chegar até aqui.

Guilherme Miranda

Índice

Índice

Introdução ao mercado de aplicativos de entrega

A História dos Aplicativos de Entrega

A história dos aplicativos de entrega remonta aos primeiros dias da internet comercial, quando as empresas começaram a usar websites para fazer pedidos e entregas. No entanto, foi somente com o surgimento dos smartphones e a popularização de aplicativos móveis que os aplicativos de entrega realmente decolaram.

Os primeiros aplicativos de entrega surgiram no início dos anos 2000, como o aplicativo de entrega de comida Seamless, lançado em 1999. A partir daí, vários outros aplicativos de entrega de comida foram lançados, incluindo GrubHub, Uber Eats e DoorDash.

A popularidade dos aplicativos de entrega de comida levou ao surgimento de aplicativos de entrega de outros produtos, como medicamentos (como o PillPack) e roupas (como o Stitch Fix). Com o aumento da concorrência no mercado, muitos dos aplicativos de entrega de comida originalmente independentes foram adquiridos por grandes empresas de tecnologia, como a Uber e a Amazon.

Além disso, a pandemia COVID-19 acelerou ainda mais a popularidade dos aplicativos de entrega, já que as pessoas se viram impossibilitadas de sair de casa e buscar seus próprios produtos. Isso levou a um aumento na demanda por aplicativos de entrega e ao surgimento de novos players no mercado.

Em resumo, a história dos aplicativos de entrega tem sido uma história de evolução constante, com o surgimento de novas tecnologias e tendências levando a novos modelos de negócios e oportunidades de crescimento.

Tendências atuais no mercado

Atualmente, as tendências no mercado de aplicativos de entrega incluem:

- **Aumento da demanda por entregas "same-day" ou "next-day":** Com os consumidores esperando cada vez mais entregas rápidas e eficientes, muitos aplicativos de entrega estão investindo em logística e infraestrutura para oferecer entregas no mesmo dia ou no dia seguinte.

- **Crescimento da entrega de comida ao ar livre:** Com as restrições de distanciamento social em decorrência da pandemia, muitas pessoas estão evitando restaurantes e optando por comer ao ar livre. Isso tem levado ao crescimento de opções de entrega de comida ao ar livre, como caixas de picnic e entregas em parques.

- **Aumento do uso de drones para entregas:** Drones têm sido cada vez mais utilizados para entregas, principalmente em áreas remotas ou de difícil acesso. Isso tem permitido entregas mais rápidas e eficientes, além de reduzir os custos de logística.

- **Crescimento da logística "last mile":** A logística "last mile" se refere às entregas finais, feitas diretamente ao consumidor. Com o aumento da demanda por entregas rápidas, muitos aplicativos de entrega estão investindo em logística "last mile" para garantir entregas mais eficientes.

- **Integração de inteligência artificial e aprendizado de máquina:** A IA e o aprendizado de máquina estão sendo usados cada vez mais para melhorar a eficiência das entregas, gerenciar estoques e prever demandas. Isso tem permitido aos aplicativos de entrega melhorar a experiência do usuário e se tornarem mais competitivos no mercado.

Em resumo, as tendências atuais no mercado de aplicativos de entrega incluem aumento da demanda por entregas rápidas, crescimento da entrega de comida ao ar livre, aumento do uso de drones, crescimento da logística "last mile" e integração de inteligência artificial e aprendizado de máquina.

Oportunidades de negócio

Existem várias oportunidades de negócio no mercado de aplicativos de entrega, incluindo:

- **Comida:** Comida é um dos principais mercados para aplicativos de entrega e há uma grande variedade de oportunidades, desde entregas de comida tradicionais de restaurantes, até entregas de refeições prontas e entregas de ingredientes para cozinhar em casa.

- **Produtos essenciais:** Com a pandemia COVID-19, houve um aumento na demanda por entregas de produtos essenciais, como medicamentos e produtos de limpeza. Isso tem criado oportunidades para aplicativos de entrega de produtos essenciais.

- **Comércio eletrônico:** A entrega de produtos eletrônicos, como eletrodomésticos, eletrônicos e roupas, é outra oportunidade de negócio para aplicativos de entrega.

- **Entregas de última milha:** A logística de última milha, ou entregas finais ao consumidor, é uma oportunidade crescente para aplicativos de entrega, especialmente em áreas urbanas densamente povoadas.

- **Entregas em áreas remotas:** Entregar em áreas remotas, como regiões rurais, é uma oportunidade para aplicativos de entrega, especialmente com o uso crescente de drones para entregas.

- **Serviços personalizados:** Oferecer serviços personalizados, como entregas de presentes ou entregas de flores, é outra oportunidade de negócio para aplicativos de entrega.

Em resumo, as oportunidades de negócio no mercado de aplicativos de entrega incluem comida, produtos essenciais, comércio eletrônico, entregas de última milha, entregas em áreas remotas e serviços personalizados.

Como planejar e desenvolver seu aplicativo

Escolhendo as funcionalidades certas

Escolher as funcionalidades certas para o seu aplicativo de entrega é essencial para garantir que ele atenda às necessidades dos usuários e seja competitivo no mercado. Algumas dicas para escolher as funcionalidades certas incluem:

- **Analisar as necessidades dos usuários:** Identifique as necessidades dos usuários e entenda como as funcionalidades do seu aplicativo podem atender a essas necessidades. Isso pode incluir coisas como a facilidade de uso, a rapidez das entregas e a segurança dos pagamentos.

- **Estudar a concorrência:** Analisar os aplicativos de entrega concorrentes pode ajudá-lo a entender quais funcionalidades são mais populares e como elas podem ser adaptadas para o seu aplicativo.

- **Experimentar com funcionalidades adicionais:** Considere incluir funcionalidades adicionais, como opções de pagamento móvel ou recomendações personalizadas de produtos, para se diferenciar da concorrência.

- **Testar as funcionalidades com os usuários:** Antes de lançar o aplicativo, teste as funcionalidades com os usuários para garantir que elas atendam às suas necessidades e estejam livres de erros.

- **Continuar a otimizar as funcionalidades:** Após o lançamento, continue a ouvir os feedbacks dos usuários e fazer melhorias contínuas para garantir que as funcionalidades do aplicativo estejam sempre atualizadas e atendendo às necessidades dos usuários.

Escolher as funcionalidades certas para o seu aplicativo de entrega é essencial para garantir sucesso no mercado.

Garantindo a qualidade do seu aplicativo

Garantir a qualidade do aplicativo é fundamental para garantir a satisfação dos usuários e o sucesso do negócio. Algumas dicas para garantir a qualidade do aplicativo incluem:

- **Testar o aplicativo extensivamente:** Realizar testes extensivos do aplicativo é uma forma eficaz de identificar e corrigir problemas e garantir a qualidade do aplicativo.

- **Utilizar boas práticas de desenvolvimento:** Seguir boas práticas de desenvolvimento, como escrever código limpo e manter uma estrutura de código organizada, pode ajudar a garantir a qualidade do aplicativo.

- **Utilizar ferramentas de garantia de qualidade:** Utilizar ferramentas de garantia de qualidade, como testes automatizados e monitoramento de desempenho, pode ajudar a garantir a qualidade do aplicativo.

- **Contratar uma empresa especializada em aplicativos whitelabel:** uma opção interessante para garantir a qualidade do aplicativo é contratar uma empresa especializada em aplicativos whitelabel, onde é possível adquirir uma solução pronta para o lançamento do seu próprio app, sem precisar desenvolver do zero.

Em resumo, garantir a qualidade do aplicativo é fundamental para garantir a satisfação dos usuários e o sucesso do negócio.

Isso inclui realizar testes extensivos do aplicativo, seguir boas práticas de desenvolvimento, utilizar ferramentas de garantia de qualidade e contratar uma empresa especializada em aplicativos whitelabel.

Importância do design e experiência do usuário

O design e a experiência do usuário são fundamentais para garantir a satisfação dos usuários e o sucesso do aplicativo de entrega. Algumas dicas para garantir um design e uma experiência de usuário de qualidade incluem:

- **Foco no usuário:** O design e a experiência do usuário devem ser projetados com base nas necessidades e desejos dos usuários. Isso inclui garantir que o aplicativo seja fácil de usar, navegar e entender.

- **Design intuitivo:** O design do aplicativo deve ser intuitivo, para que os usuários possam encontrar facilmente as informações e recursos de que precisam.

- **Design responsivo:** O design do aplicativo deve ser responsivo, para que ele possa ser usado facilmente em diferentes dispositivos e tamanhos de tela.

- **Testes de usuário:** É importante realizar testes com usuários reais para garantir que o design e a experiência do usuário sejam eficazes.

- **Análise de dados:** Analisar dados de usuários, como feedbacks e métricas de uso, pode ajudar a identificar problemas de design e melhorar a experiência do usuário.

Em resumo, o design e a experiência do usuário são fundamentais para garantir a satisfação dos usuários e o sucesso do aplicativo de entrega.

É importante se concentrar nas necessidades e desejos dos usuários, projetar um design intuitivo, responsivo, realizar testes com usuários reais, e analisar dados de usuários para melhorar continuamente a experiência do usuário.

Como gerenciar e escalar o seu negócio

Estratégias para crescer

Existem várias estratégias que podem ser utilizadas para crescer um aplicativo de entrega, incluindo:

- **Marketing:** Investir em marketing é uma forma eficaz de aumentar a conscientização do aplicativo e atrair novos usuários. Isso pode incluir publicidade online, parcerias com outras empresas e eventos de networking.

- **SEO:** Otimizando o aplicativo para os mecanismos de busca (SEO) pode ajudar a aumentar a visibilidade do aplicativo e atrair novos usuários.

- **Foco na qualidade:** manter a qualidade do aplicativo, garantindo que ele seja fácil de usar, confiável e ofereça boas opções de entrega, pode ajudar a atrair e reter usuários.

- **Expansão geográfica:** expandir o alcance geográfico do aplicativo, incluindo novas áreas de entrega, pode ajudar a atrair novos usuários e aumentar o volume de pedidos.

- **Novas funcionalidades:** adicionar novas funcionalidades e serviços, como entregas de produtos essenciais, pode ajudar a atrair novos usuários e aumentar o volume de pedidos.

- **Parcerias:** estabelecendo parcerias com outras empresas, como restaurantes e lojas, pode ajudar a expandir a base de usuários e aumentar o volume de pedidos.

- **Foco na fidelização:** criando programas de fidelidade e oferecendo descontos e promoções para usuários regulares, pode ajudar a reter os usuários e aumentar o volume de pedidos.

Como se manter competitivo no mercado

Manter-se competitivo no mercado de aplicativos de entrega pode ser desafiante, mas há algumas estratégias que podem ser utilizadas para se destacar, incluindo:

- **Inovar:** manter-se à frente da concorrência, oferecendo novas funcionalidades e serviços, como entregas rápidas, entregas personalizadas e opções de pagamento adicionais, pode ajudar a atrair e reter usuários.

- **Foco na qualidade:** manter altos padrões de qualidade, garantindo que o aplicativo seja fácil de usar, confiável e ofereça boas opções de entrega, pode ajudar a atrair e reter usuários.

- **Atendimento ao cliente excepcional:** oferecer um excelente atendimento ao cliente, incluindo suporte rápido e eficiente, pode ajudar a construir uma boa reputação e aumentar a satisfação dos usuários.

- **Análise de dados:** analisar dados de usuários, como feedbacks e métricas de uso, pode ajudar a identificar problemas e oportunidades de melhoria e ajustar a estratégia de forma proativa.

- **Preços competitivos:** oferecer preços competitivos pode ajudar a atrair e reter usuários, especialmente em um mercado altamente competitivo.

- **Parcerias:** estabelecer parcerias com outras empresas e negócios locais pode ajudar a expandir a base de usuários e aumentar o volume de pedidos.

- **Marketing eficaz:** Investir em marketing e publicidade para ampliar o alcance do aplicativo, e atrair novos usuários.

Em resumo, para se manter competitivo no mercado de aplicativos de entrega, é importante inovar, manter altos padrões de qualidade, oferecer um excelente atendimento ao cliente, analisar dados de usuários, oferecer preços competitivos, estabelecer parcerias e investir em marketing eficaz.

Como se manter competitivo no mercado

Existem várias estratégias de marketing eficazes que podem ser utilizadas para aumentar a conscientização do aplicativo e atrair novos usuários, incluindo:

- **Publicidade online:** Utilizando plataformas de publicidade online, como o Google AdWords e o Facebook Ads, para alcançar potenciais usuários.

- **Mídias sociais:** Utilizando as mídias sociais, como o Facebook, Instagram, Twitter, entre outras, para criar conscientização e engajamento.

- **Conteúdo de qualidade:** Criar e compartilhar conteúdo de qualidade, como artigos de blog, vídeos e infográficos, para ajudar a construir uma boa reputação e atrair tráfego orgânico.

- **Influenciadores:** Trabalhar com influenciadores relevantes para ajudar a alcançar um público-alvo específico e aumentar a conscientização do aplicativo.

- **E-mail marketing:** Utilizando o e-mail marketing para construir relacionamentos com os usuários e mantê-los informados sobre novidades e promoções.

- **Marketing de Referência:** Utilizando programas de referência para incentivar os usuários a indicar o aplicativo para seus amigos e familiares.

- **Marketing de Conteúdo:** Criar um blog ou conteúdo relevante, e oferecer aos usuários informações úteis, dicas e truques, para ajudar a construir uma boa reputação e aumentar a conscientização do aplicativo.

Em resumo, existem várias estratégias de marketing eficazes que podem ser utilizadas para aumentar a conscientização do aplicativo e atrair novos usuários, incluindo publicidade online que é fundamental nesse processo.

Gerenciamento de equipe e recursos

Gerenciar equipes e recursos é essencial para garantir que o aplicativo de entrega seja desenvolvido e mantido de forma eficiente e eficaz. Algumas dicas para gerenciar equipes e recursos incluem:

- **Definir papéis e responsabilidades:** É importante definir claramente os papéis e responsabilidades de cada membro da equipe, para garantir que todos saibam exatamente o que é esperado deles.

- **Comunicação eficaz:** É importante estabelecer canais de comunicação eficazes, como reuniões regulares e ferramentas de comunicação, para garantir que todos estejam alinhados e trabalhando juntos.

- **Gerenciamento de projetos:** Utilizando ferramentas de gerenciamento de projetos, como o Trello ou Asana, para garantir que os projetos estejam em andamento e dentro do cronograma.

- **Gerenciamento de recursos:** Alocar recursos, incluindo tempo, dinheiro e pessoal, de forma eficiente, para garantir que os projetos sejam concluídos dentro do orçamento e do cronograma.

- **Feedback e avaliação de desempenho:** Oferecer feedback regular e realizar avaliações de desempenho para garantir que todos estejam trabalhando de forma eficaz e para identificar quaisquer problemas ou oportunidades de melhoria.

- **Flexibilidade:** ser flexível e estar preparado para mudar de rumo quando necessário, para se adaptar a mudanças no mercado ou no projeto.

- **Treinamento e desenvolvimento:** investir em treinamento e desenvolvimento para garantir que a equipe tenha as habilidades e o conhecimento necessários para desenvolver e manter o aplicativo de forma eficiente e eficaz.

- **Liderança eficaz:** Ter um líder eficaz que seja capaz de inspirar e guiar a equipe, garantindo que os objetivos do aplicativo sejam alcançados e que todos estejam trabalhando em direção à mesma meta.

Gerenciamento de equipe e recursos

- **Cultura positiva:** Criar e manter uma cultura positiva, onde todos são valorizados e estimulados a contribuir com ideias e sugestões, pode ajudar a aumentar a motivação e o engajamento da equipe.

- **Contratando pessoas:** Contratar as pessoas certas e garantir que todos os membros da equipe tenham as habilidades e o conhecimento necessários para desempenhar suas funções de forma eficiente e eficaz.

Em resumo, gerenciar equipes e recursos é essencial para garantir que o aplicativo de entrega seja desenvolvido e mantido de forma eficiente e eficaz.

Isso inclui definir papéis e responsabilidades claramente, comunicação eficaz, gerenciamento de projetos, gerenciamento de recursos, feedback e avaliação de desempenho, flexibilidade, treinamento e desenvolvimento, liderança eficaz, cultura positiva e contratar as pessoas certas.

Como se destacar no mercado

Diferenciação da concorrência

Além das estratégias mencionadas anteriormente no capítulo anterior, existem outras maneiras de se diferenciar da concorrência no mercado de aplicativos de entrega como:

- **Experiência de entrega personalizada:** Oferecer uma experiência de entrega personalizada, como opções de horários flexíveis e rastreamento em tempo real, pode ajudar a aumentar a satisfação dos usuários e aumentar a fidelidade.

- **Entrega sustentável:** Adotar práticas de entrega sustentáveis, como entrega por bicicleta ou carros elétricos, pode ajudar a atrair usuários conscientes do meio ambiente e construir uma imagem positiva.

- **Integração com outras plataformas:** Integrar o aplicativo com outras plataformas, como as redes sociais ou outros aplicativos de pagamento, pode aumentar a conveniência e atrair novos usuários.

- **Programa de fidelidade:** Oferecer um programa de fidelidade, como pontos de recompensa ou descontos exclusivos, pode ajudar a aumentar a fidelidade dos usuários e aumentar o volume de pedidos.

- **Entrega imediata:** Oferecer opções de entrega imediata, como entrega em 30 minutos ou menos, pode ajudar a atrair usuários que precisam de comida ou outros itens entregues rapidamente.

- **Pagamento sem contato:** Adicionar opções de pagamento sem contato, como pagamento por celular ou reconhecimento facial, pode aumentar a segurança e a conveniência para os usuários.

- **Entrega programada:** permitir que os clientes programem suas entregas com antecedência, pode ajudar a atrair usuários que preferem planejar suas compras e entregas com antecedência.

Atraindo usuários para seu aplicativo

Atrair usuários para o aplicativo de entrega é essencial para o sucesso do negócio. Uma estratégia para atrair usuários é se concentrar em estabelecimentos comerciais, como restaurantes, que já trazem um volume significativo de entregas e podem ser parceiros valiosos para o aplicativo.

Algumas formas de atrair usuários incluem:

- **Oferecer parcerias comerciais:** Oferecer parcerias comerciais a restaurantes e outros estabelecimentos comerciais, como descontos ou comissões reduzidas, pode ajudar a atrair esses estabelecimentos para o aplicativo e aumentar o volume de entregas.

- **Marketing direcionado:** Utilizar o marketing direcionado para alcançar usuários em áreas próximas aos estabelecimentos comerciais parceiros e incentivá-los a experimentar o aplicativo.

- **Oferecer recursos exclusivos:** Oferecer recursos exclusivos para estabelecimentos comerciais parceiros, como opções de entrega personalizadas ou opções de pagamento adicionais, pode ajudar a aumentar a satisfação dos usuários e aumentar a fidelidade.

- **Atrair entregadores:** Atrair entregadores de moto e carro para o aplicativo, oferecendo bons salários e benefícios, pode aumentar a disponibilidade de entregadores e aumentar a eficiência das entregas.

- **Oferecer benefícios para entregadores:** Oferecer benefícios para entregadores, como seguro de saúde, pode ajudar a atrair e reter entregadores de qualidade.

- **Campanhas publicitárias:** Realizar campanhas publicitárias para atrair usuários e entregadores, incluindo anúncios em rádio, televisão, jornais e mídias sociais.

- **Oferecer ofertas promocionais:** Oferecer ofertas promocionais, como descontos em primeira compra ou entregas grátis, pode ajudar a atrair novos usuários e incentivá-los a experimentar o aplicativo.

Atraindo usuários para seu aplicativo

- **Utilizar recomendações de amigos:** Utilizar recomendações de amigos, como programas de indicação, para incentivar os usuários a compartilhar o aplicativo com amigos e familiares.

- **Utilizar as redes sociais:** Utilizar as redes sociais para divulgar o aplicativo e criar uma comunidade online, onde os usuários podem compartilhar feedback e sugestões.

- **Criar um programa de fidelidade:** Criar um programa de fidelidade para recompensar os usuários por sua lealdade e incentivá-los a continuar usando o aplicativo.

Em resumo, atrair usuários para o aplicativo de entrega é essencial para o sucesso do negócio.

Uma estratégia para atrair usuários é se concentrar em estabelecimentos comerciais, como restaurantes, que já trazem um volume significativo de entregas e podem ser parceiros valiosos para o aplicativo.

Isso pode ser alcançado através de parcerias comerciais, marketing direcionado, recursos exclusivos, atraindo entregadores e oferecendo benefícios, campanhas publicitárias, ofertas promocionais, recomendações de amigos, utilizando as redes sociais e criando um programa de fidelidade.

Importância do Branding e Posicionamento

O branding e o posicionamento são fundamentais para o sucesso de um aplicativo de entrega, pois ajudam a construir uma imagem positiva e a se destacar no mercado altamente competitivo. Algumas formas de implementar essas estratégias incluem:

- **Criação de uma marca forte:** Criar uma marca forte e consistente é essencial para se destacar no mercado e construir uma imagem positiva. Isso inclui desenvolver um logotipo e uma identidade visual únicos, além de criar uma mensagem de marca clara e consistente.

- **Posicionamento de mercado:** Definir o posicionamento de mercado do aplicativo, como o segmento de mercado alvo e a proposta de valor única, é essencial para se destacar no mercado e atrair usuários.

- **Comunicação consistente:** Garantir que toda a comunicação, incluindo anúncios, e-mails, redes sociais e outros materiais de marketing, seja consistente com a marca e o posicionamento de mercado.

- **Conhecer a concorrência:** Conhecer a concorrência e se diferenciar de outros aplicativos de entrega no mercado é fundamental para se destacar e atrair usuários.

- **Investir em publicidade:** Investir em publicidade, como anúncios em rádio, televisão, jornais e mídias sociais, pode ajudar a aumentar a conscientização da marca e atrair usuários.

- **Oferecer experiência de marca excepcional:** Oferecer uma experiência de marca excepcional, desde a entrega até o atendimento ao cliente, pode ajudar a construir uma imagem positiva e aumentar a satisfação dos usuários.

- **Criar uma presença online forte:** Criar uma presença online forte, incluindo sites, blogs e redes sociais, pode ajudar a aumentar a conscientização da marca e a atrair novos usuários. Além disso, a presença online também pode ser usada para construir relacionamentos com os usuários e aumentar a fidelidade.

Importância do Branding e Posicionamento

- **Colaboração com outras marcas:** Colaborar com outras marcas relevantes, como restaurantes e lojas, pode ajudar a expandir o alcance da marca e atrair novos usuários.

- **Criar conteúdo valioso:** Criar conteúdo valioso, como guias e dicas, relacionado ao uso do aplicativo e ao mercado de entregas em geral, pode ajudar a construir uma imagem positiva e aumentar a conscientização da marca.

- **Monitoramento e feedback:** Monitorar e solicitar feedback dos usuários regularmente, pode ajudar a entender as necessidades e as expectativas dos usuários e ajustar a estratégia de branding e posicionamento conforme necessário.

Em resumo, o branding e o posicionamento são fundamentais para o sucesso de um aplicativo de entrega.

Eles ajudam a construir uma imagem positiva e a se destacar no mercado altamente competitivo.

Como garantir a segurança e privacidade dos usuários

Garantindo a confiança dos usuários

Garantir a confiança dos usuários é essencial para o sucesso de um aplicativo de entrega, pois isso aumenta a satisfação dos usuários e a fidelidade. Algumas formas de garantir a confiança dos usuários incluem:

- **Transparência:** Fornecer informações claras e precisas sobre o aplicativo, incluindo preços, políticas de entrega e garantias, pode ajudar a aumentar a confiança dos usuários.

- **Segurança:** Garantir que as informações do usuário e as transações financeiras sejam seguras é fundamental para garantir a confiança dos usuários. Isso inclui implementar medidas de segurança, como criptografia e autenticação de usuário.

- **Atendimento ao cliente:** Oferecer suporte excepcional ao cliente, incluindo respostas rápidas e soluções eficazes, pode ajudar a aumentar a confiança dos usuários.

- **Comunicação clara:** Mantenha os usuários informados sobre o status de suas entregas e outras informações relevantes, através de notificações e comunicação clara.

- **Feedback dos usuários:** Obtenha e responda regularmente aos feedbacks dos usuários, isso pode ajudar a identificar problemas e melhorar a experiência dos usuários.

- **Credibilidade:** Construir uma reputação de credibilidade, com base na qualidade do serviço e na transparência, pode ajudar a garantir a confiança dos usuários.

- **Certificações:** Adquirir certificações relevantes, como certificações de segurança de dados e de qualidade do serviço, pode ajudar a demonstrar aos usuários que o aplicativo segue padrões de qualidade e segurança rigorosos.

Garantindo a confiança dos usuários

- **Garantias e políticas de devolução:** Oferecer garantias e políticas de devolução claras e justas pode ajudar a garantir a confiança dos usuários, pois eles saberão que podem confiar no aplicativo para resolver quaisquer problemas que possam surgir.

- **Comentários e avaliações:** Permitir que os usuários deixem comentários e avaliações sobre o aplicativo, e responder a eles de forma transparente e proativa, pode ajudar a construir confiança entre os usuários.

- **Reputação:** Construir uma boa reputação, através de boas práticas de negócios, pode ajudar a garantir a confiança dos usuários e aumentar a fidelidade.

Em resumo, garantir a confiança dos usuários é essencial para o sucesso de um aplicativo de entrega.

Isso pode ser alcançado através de transparência, segurança, atendimento ao cliente excepcional, comunicação clara, feedback dos usuários, credibilidade, certificações, garantias e políticas de devolução, comentários e avaliações e construção de uma boa reputação.

Cumprindo regulamentações e leis

Cumprir regulamentações e leis é essencial para o sucesso de um aplicativo de entrega, pois isso garante que o negócio esteja operando de forma legal e ética. Algumas formas de cumprir regulamentações e leis incluem:

- **Conhecer as leis e regulamentos locais:** Conhecer as leis e regulamentos locais, incluindo as leis de comércio eletrônico, leis de privacidade e leis de transporte, é essencial para operar de forma legal.

- **Registrar o negócio:** Registrar o negócio (Abrir o CNPJ) de acordo com as leis locais é essencial para operar de forma legal.

- **Adquirir licenças e permissões:** Adquirir licenças e permissões necessárias, como licenças de transporte e licenças de comércio, é essencial para operar de forma legal.

- **Cumprir regulamentos de transporte:** Cumprir regulamentos de transporte, incluindo regulamentos de segurança e regulamentos de saúde e segurança, é essencial para operar de forma legal.

- **Comunicar com autoridades reguladoras:** Manter comunicação aberta e transparente com as autoridades reguladoras é essencial para garantir que o negócio esteja cumprindo todas as regulamentações e leis.

- **Treinar funcionários:** Treinar os funcionários sobre regulamentações e leis relevantes é essencial para garantir que eles estejam cumprindo as regulamentações e leis.

- **Monitorar atualizações regulamentares:** Monitorar atualizações regulamentares e fazer as mudanças necessárias para garantir que o negócio esteja sempre cumprindo as regulamentações e leis.

- **Ter um plano de contingência:** Ter um plano de contingência em caso de violações regulamentares ou legais é importante para garantir que o negócio possa agir rapidamente e minimizar quaisquer danos.

- **Obter seguros:** Obtendo seguros apropriados, como seguro de responsabilidade civil, pode ajudar a proteger o negócio contra possíveis violações regulamentares ou legais.

A importância de políticas de privacidade e segurança

As políticas de privacidade e segurança são fundamentais para o sucesso de um aplicativo de entrega, pois elas garantem que as informações dos usuários sejam tratadas de forma ética e segura. Algumas formas de implementar políticas de privacidade e segurança incluem:

- **Políticas de privacidade claras:** Criar políticas de privacidade claras e fáceis de entender, que expliquem como as informações dos usuários serão coletadas, armazenadas e usadas, é essencial para garantir a confiança dos usuários.

- **Criptografia:** Utilizar criptografia para proteger as informações sensíveis dos usuários, como informações de cartão de crédito, é essencial para garantir a segurança das informações.

- **Autenticação de usuário:** Implementar medidas de autenticação de usuário, como senhas e autenticação de dois fatores, é essencial para garantir a segurança das informações.

- **Monitoramento:** Monitorar regularmente o aplicativo e as informações dos usuários para detectar e prevenir possíveis violações de segurança é importante para garantir a segurança das informações.

- **Plano de contingência:** Ter um plano de contingência em caso de violação de segurança é importante para garantir que o aplicativo possa agir rapidamente e minimizar quaisquer danos.

- **Treinamento:** Treinar os funcionários sobre políticas de privacidade e segurança é essencial para garantir que eles estejam cumprindo as regulamentações e leis.

- **Comunicação:** Manter comunicação aberta e transparente com os usuários sobre políticas de privacidade e segurança é importante para garantir a confiança dos usuários.

- **Compliance:** Cumprir regulamentações de privacidade e segurança, como o GDPR e o CCPA, é importante para garantir que o aplicativo esteja operando de forma legal.

A importância de políticas de privacidade e segurança

- **Cooperação com autoridades reguladoras:** Cooperar com as autoridades reguladoras em caso de investigações ou violações de privacidade e segurança é importante para garantir que o aplicativo esteja operando de forma legal.

- **Revisão regular:** Revisar e atualizar regularmente políticas de privacidade e segurança é importante para garantir que elas estejam sempre atualizadas e cumprindo as regulamentações e leis.

Em resumo, as políticas de privacidade e segurança são fundamentais para o sucesso de um aplicativo de entrega.

Elas garantem que as informações dos usuários sejam tratadas de forma ética e segura, e aumentam a confiança dos usuários.

Algumas formas de implementar essas políticas incluem criar políticas de privacidade claras, utilizar criptografia, implementar medidas de autenticação de usuário, monitorar regularmente o aplicativo, ter um plano de contingência, treinar funcionários e revisar regularmente as políticas de privacidade e segurança adotadas.

Como gerenciar a logística de entrega

Qualidade e rapidez das entregas

A qualidade e rapidez das entregas são fundamentais para o sucesso de um aplicativo de entrega, pois elas influenciam diretamente na satisfação dos usuários e na fidelidade. Algumas formas de garantir a qualidade e rapidez das entregas incluem:

- **Logística eficiente:** Ter uma logística eficiente é essencial para garantir que as entregas sejam feitas de forma rápida e precisa. Isso inclui ter um sistema de rastreamento de entregas eficiente, alocar entregadores de forma inteligente e ter um sistema de rotas otimizado.

- **Entregadores confiáveis:** Contratar entregadores confiáveis é essencial para garantir que as entregas sejam feitas de forma rápida e precisa. Isso inclui verificar a experiência e as referencias dos entregadores antes de contratá-los.

- **Comunicação eficiente:** Ter uma comunicação eficiente entre os entregadores, os estabelecimentos comerciais e os usuários é essencial para garantir que as entregas sejam feitas de forma rápida e precisa. Isso inclui usar tecnologias como GPS e mensagens instantâneas para manter todas as partes informadas sobre o status da entrega.

- **Feedback dos usuários:** Coletar e analisar feedback dos usuários sobre a qualidade e rapidez das entregas é importante para identificar pontos de melhoria e ajustar a operação de entrega de acordo.

- **Controle de qualidade:** Implementar um processo de controle de qualidade para as entregas é importante para garantir que elas estejam de acordo com os padrões de qualidade estabelecidos.

- **Estabelecimentos comerciais confiáveis:** Ter parcerias com estabelecimentos comerciais confiáveis é importante para garantir que os produtos entregues sejam de qualidade e estejam disponíveis para serem entregues de forma rápida.

Qualidade e rapidez das entregas

- **Garantias de entrega:** Oferecer garantias de entrega, como garantias de entrega no mesmo dia ou garantias de entrega dentro de um determinado período de tempo, pode aumentar a confiança dos usuários e a fidelidade.

- **Otimização de rotas:** Utilizar tecnologias de otimização de rotas para planejar as melhores rotas para os entregadores é importante para garantir que as entregas sejam feitas de forma rápida e precisa.

- **Monitoramento:** Monitorar regularmente as entregas para identificar problemas e ajustar a operação de entrega de acordo é importante para garantir a qualidade e rapidez das entregas.

- **Melhoria contínua:** Implementar processos de melhoria contínua para as entregas é importante para garantir que a qualidade e rapidez das entregas estejam sempre melhorando.

Gerenciamento de motoristas e entregadores

O gerenciamento de motoristas e entregadores é essencial para garantir a qualidade e rapidez das entregas e manter a eficiência dos processos de entrega. Algumas formas de gerenciar motoristas e entregadores incluem:

- **Central de atendimento:** Criar uma central de atendimento dedicada para atender os entregadores é importante para garantir que eles possam obter ajuda rapidamente quando precisarem. Isso inclui ter uma equipe de atendimento disponível para responder a perguntas e resolver problemas.

- **Treinamento:** Treinar os entregadores sobre as políticas e procedimentos de entrega é importante para garantir que eles estejam preparados para realizar suas tarefas de forma eficiente.

- **Monitoramento:** Monitorar regularmente as entregas para identificar problemas e ajustar a operação de entrega de acordo é importante para garantir a qualidade e rapidez das entregas.

- **Gerenciamento de motoristas:** Gerenciar os motoristas incluindo garantir que eles tenham as licenças e permissões necessárias, monitorar o desempenho deles e garantir que eles estejam seguindo as políticas e regulamentos de transporte é importante.

- **Rotas otimizadas:** Utilizar tecnologias de otimização de rotas para planejar as melhores rotas para os entregadores é importante para garantir que as entregas sejam feitas de forma rápida e precisa. Isso também inclui ajustar as rotas de acordo com as condições do trânsito, condições climáticas e outros fatores relevantes.

- **Feedback dos entregadores:** Coletar e analisar feedback dos entregadores sobre suas experiências e dificuldades é importante para identificar pontos de melhoria e ajustar a operação de entrega de acordo.

- **Gerenciamento de entregas manuais:** Ter uma estratégia para gerenciar entregas que precisem ser feitas manualmente, como entregas em áreas de difícil acesso ou entregas de itens de grande valor, é importante para garantir que essas entregas sejam realizadas de forma segura e eficiente.

Gerenciamento de motoristas e entregadores

- **Benefícios e incentivos:** Oferecer benefícios e incentivos aos entregadores, como bônus por entregas realizadas dentro de um período de tempo específico, é importante para motivar os entregadores e melhorar o desempenho deles.

- **Gerenciamento de conflitos:** Ter uma estratégia para gerenciar conflitos com entregadores é importante para garantir que esses conflitos sejam resolvidos de forma rápida e justa.

- **Melhoria contínua:** Implementar processos de melhoria contínua para o gerenciamento de entregadores é importante para garantir que eles estejam sempre melhorando e para garantir a qualidade e rapidez das entregas.

Existem muitos tipos de problemas comuns que podem ocorrer em uma entrega, alguns exemplos incluem:

- **Atrasos:** As entregas podem ser atrasadas devido a problemas com o trânsito, condições climáticas adversas, problemas mecânicos com veículos de entrega e outros fatores.

- **Problemas de endereço:** As entregas podem ser atrasadas ou não realizadas devido a problemas com endereços incorretos, endereços incompletos ou endereços inexistentes.

- **Produtos danificados:** Produtos podem ser danificados durante o transporte devido a problemas com embalagem inadequada, condições climáticas adversas ou outros fatores.

- **Problemas com pagamento:** Problemas com pagamento, como cartões de crédito ou débito recusados, podem impedir que as entregas sejam realizadas.

- **Problemas com estoque:** Problemas com estoque, como produtos que não estão disponíveis para entrega, podem atrasar ou impedir que as entregas sejam realizadas.

Gerenciamento de motoristas e entregadores

- **Problemas com entregadores:** Problemas com entregadores, como ausência deles, atrasos ou entregadores que não estão preparados para realizar as entregas, podem atrasar ou impedir que as entregas sejam realizadas.

- **Problemas com segurança:** Problemas com segurança, como roubo ou vandalismo, podem impedir que as entregas sejam realizadas.

- **Problemas com regulamentação:** Problemas com regulamentação, como a falta de licenças ou permissões necessárias, podem impedir que as entregas sejam realizadas.

Integração com parceiros logísticos

A integração com parceiros logísticos é importante para garantir a eficiência e qualidade das entregas. Algumas formas de integrar com parceiros logísticos incluem:

- **Integração com aplicativos de entrega:** Integrar o seu aplicativo de entrega com aplicativos populares de entrega, como iFood e outros aplicativos, é uma forma de aumentar a visibilidade do seu aplicativo e aumentar o volume de entregas.

- **Integração com sistemas de PDV:** Integrar o seu aplicativo de entrega com sistemas de controle de PDV (ponto de venda) utilizado por restaurantes, lanchonetes e outros estabelecimentos comerciais, é uma forma de automatizar o processo de requisição de entregas e garantir que os pedidos cheguem rapidamente aos entregadores.

- **Integração com sistemas de logística:** Integrar o seu aplicativo de entrega com sistemas de logística, como sistemas de rastreamento de entregas, sistemas de planejamento de rotas e outros, é uma forma de garantir que as entregas sejam realizadas de forma eficiente e precisa.

- **Integração com sistemas de pagamento:** Integrar o seu aplicativo de entrega com sistemas de pagamento de cartão de crédito é uma forma de garantir que os pagamentos sejam processados de forma rápida e segura.

- **Integração com sistemas de gestão de estoque:** Integrar o seu aplicativo de entrega com sistemas de gestão de estoque, como sistemas de rastreamento de estoque, sistemas de gerenciamento de estoque, e outros, é uma forma de garantir que os pedidos estejam sempre disponíveis para entrega e evitar atrasos devido a problemas com estoque.

- **Integração com sistemas de gestão de motoristas:** Integrar o seu aplicativo de entrega com sistemas de gestão de motoristas, como sistemas de rastreamento de veículos, sistemas de gerenciamento de horários e outros, é uma forma de garantir que os entregadores estejam sempre disponíveis e preparados para realizar as entregas.

Integração com parceiros logísticos

- **Integração com sistemas de gerenciamento de fluxo de caixa:** Integrar o seu aplicativo de entrega com sistemas de gerenciamento de fluxo de caixa, como sistemas de gestão de pagamentos, sistemas de gerenciamento de receitas e outros, é uma forma de garantir que as entregas sejam rentáveis e viáveis para o negócio.

- **Integração com sistemas de gerenciamento de risco:** Integrar o seu aplicativo de entrega com sistemas de gerenciamento de risco, como sistemas de monitoramento de riscos, sistemas de gerenciamento de seguros e outros, é uma forma de garantir que as entregas sejam seguras e protegidas contra eventuais incidentes.

- **Integração com sistemas de análise de dados:** Integrar o seu aplicativo de entrega com sistemas de análise de dados, como sistemas de Business Intelligence, sistemas de análise de fluxo de caixa e outros, é uma forma de garantir que você possa tomar decisões informadas sobre a sua operação de entrega e melhorar a eficiência e rentabilidade do seu negócio.

- **Integração com sistemas de automação:** Integrar o seu aplicativo de entrega com sistemas de automação, como sistemas de automação de processos, sistemas de automação de escritório e outros, é uma forma de garantir que o seu aplicativo de entrega esteja sempre otimizado e funcionando de forma eficiente.

A integração com parceiros logísticos é crucial para garantir que o seu aplicativo de entrega funcione de forma eficiente e rentável.

A integração com aplicativos de entrega populares, sistemas de PDV, sistemas de logística, sistemas de pagamento, sistemas de gestão de estoque, sistemas de gestão de motoristas, sistemas de gerenciamento de fluxo de caixa, sistemas de gerenciamento de risco, sistemas de análise de dados e sistemas de automação, tudo isso pode ajudar a garantir que as entregas sejam realizadas de forma precisa e rápida, e ajudar a tornar o negócio rentável e competitivo.

A integração com esses sistemas também pode ajudar a automatizar processos e melhorar a eficiência operacional, possibilitando ao empreendedor se concentrar em expandir e crescer seu negócio.

Como obter clientes e construir relacionamentos duradouros com eles

Marketing e publicidade

O marketing e a publicidade são fundamentais para o sucesso de qualquer negócio, e não é diferente no caso de aplicativos de entrega. Algumas estratégias de marketing e publicidade que podem ser utilizadas incluem:

- **Marketing de conteúdo:** Criar e compartilhar conteúdo relevante e útil, como artigos, vídeos, infográficos e outros tipos de conteúdo, é uma forma de atrair e engajar os usuários e ajudar a construir a sua marca.

- **Publicidade online:** Utilizar plataformas de publicidade online, como Google AdWords, Facebook Ads e outras, é uma forma de alcançar um público-alvo específico e aumentar o conhecimento da marca.

- **Marketing de Influência:** Utilizar influenciadores digitais ou celebridades para promover o seu aplicativo de entrega, é uma forma de aumentar a confiança e credibilidade da marca.

- **Marketing de relacionamento:** Criar e manter relacionamentos com os usuários, por meio de programas de fidelidade, promoções e outras ações, é uma forma de aumentar a satisfação e fidelidade dos clientes.

- **Marketing de eventos:** Participar de eventos e feiras, como feiras de alimentos, feiras de negócios e outros eventos, é uma forma de aumentar a visibilidade da marca e se conectar com potenciais clientes.

- **Marketing de parcerias:** Estabelecer parcerias com outras empresas e organizações, como restaurantes, lojas e outros estabelecimentos comerciais, é uma forma de aumentar o volume de entregas e expandir o alcance do seu aplicativo.

- **Marketing de mídia social:** Utilizar as mídias sociais para promover o seu aplicativo de entrega, como criando conteúdo atraente e interagindo com os usuários, é uma forma de aumentar a exposição e construir relacionamentos com potenciais clientes.

Marketing e publicidade

- **Marketing de SEO:** Otimizar o seu site e conteúdo para os motores de busca, como o Google, é uma forma de aumentar a visibilidade e atrair tráfego orgânico para o seu site.

- **Marketing de Referência:** incentivar os usuários atuais a recomendar o seu aplicativo para amigos e familiares, é uma forma de aumentar o volume de usuários e expandir o alcance do seu aplicativo.

- **Marketing de E-mail:** Utilizar e-mails para manter contato com os usuários, como ofertas especiais e atualizações do aplicativo, é uma forma de aumentar a fidelidade e engajamento dos usuários.

É importante notar que essas são apenas algumas estratégias de marketing e publicidade que podem ser utilizadas, e é importante avaliar qual delas é a melhor para o seu negócio e público-alvo específico.

É importante ser criativo, ousado e testar várias estratégias para encontrar aquelas que funcionam melhor para o seu negócio.

Confira abaixo uma estratégia passo a passo para vender para estabelecimentos comerciais como restaurantes:

- **Faça uma pesquisa de mercado:** Comece pesquisando sobre os estabelecimentos comerciais, especificamente restaurantes, na sua área. Descubra quais são os maiores desafios que eles enfrentam, quais são suas necessidades e oportunidades e quais sistemas eles já estão usando.

- **Identifique o público-alvo:** Identifique os restaurantes que são mais propensos a se beneficiar do seu aplicativo de entrega. Considere fatores como localização, tamanho, tipo de cozinha e volume de entregas.

- **Desenvolva uma proposta de valor:** Desenvolva uma proposta de valor que destaque como o seu aplicativo de entrega pode ajudar os restaurantes a superar seus desafios e aproveitar as oportunidades.

Marketing e publicidade

- **Faça uma lista de contatos:** Faça uma lista de contatos dos restaurantes que você deseja atingir, incluindo informações de contato, como e-mails e números de telefone.

- **Faça uma apresentação:** Desenvolva uma apresentação que você possa usar para demonstrar o valor do seu aplicativo de entrega para os restaurantes. Isso pode incluir demonstrações de software, estatísticas e casos de sucesso.

- **Faça contato:** Entre em contato com os restaurantes da sua lista de contatos, apresentando-se e oferecendo para demonstrar como o seu aplicativo de entrega pode beneficiá-los.

- **Faça uma demonstração:** Faça uma demonstração do seu aplicativo de entrega para os restaurantes interessados, mostrando como ele funciona e como pode ajudá-los a superar desafios e aproveitar oportunidades.

- **Faça negociações:** Negocie com os restaurantes, definindo os termos e condições do contrato, incluindo taxas, prazos e outros detalhes importantes.

- **Faça o lançamento:** Faça o lançamento do aplicativo de entrega junto com os restaurantes e ajude-os a configurar e usar o sistema corretamente.

- **Faça acompanhamento:** Faça acompanhamento regular com os restaurantes, garantindo que eles estejam satisfeitos com o sistema e ajudando-os a superar quaisquer problemas ou desafios que possam surgir.

E agora uma estratégia passo a passo para que você aprenda a recrutar entregadores para o seu aplicativo de entregas:

- **Crie uma campanha de recrutamento:** Crie uma campanha de recrutamento específica para os entregadores, com o objetivo de atrair os melhores candidatos para o seu negócio.

Marketing e publicidade

- **Defina o público-alvo:** Identifique o público-alvo para sua campanha, considerando fatores como idade, gênero, localização, interesses e experiência anterior.

- **Utilize as redes sociais:** Utilize as redes sociais, como o Facebook, o Instagram, o TikTok e o Google Ads, para atingir o público-alvo e divulgar a campanha de recrutamento.

- **Use anúncios segmentados:** Utilize anúncios segmentados, como anúncios no Facebook, para atingir usuários com interesses relacionados a entregas e transporte.

- **Crie um anúncio atraente:** Crie um anúncio atraente e informativo, que destaque as vantagens de trabalhar como entregador para o seu negócio, como flexibilidade de horários, oportunidades de ganhos e benefícios adicionais.

- **Faça uso de vídeos:** Faça uso de vídeos para chamar a atenção dos usuários, mostrando como é trabalhar como entregador para o seu negócio.

- **Utilize o Instagram:** Utilize o Instagram para compartilhar fotos e vídeos dos entregadores em ação, mostrando a rotina de trabalho e os benefícios de ser um entregador para o seu negócio.

- **Faça parcerias:** Faça parcerias com outras empresas e organizações, como escolas de ensino médio e universidades, para divulgar sua campanha de recrutamento e atingir um público jovem e ambicioso.

- **Crie uma landing page:** Crie uma landing page para sua campanha de recrutamento, onde os candidatos possam se inscrever e enviar seus currículos.

- **Faça acompanhamento:** Faça acompanhamento regular com os candidatos, respondendo perguntas e ajudando-os a se inscrever para o processo seletivo.

Relacionamento com o cliente

Manter um bom relacionamento com os clientes é fundamental para o sucesso de qualquer negócio, e isso não é diferente quando se trata de aplicativos de entrega. Algumas dicas para manter um relacionamento saudável com os clientes incluem:

- **Comunicação clara:** Mantenha a comunicação clara e transparente com os clientes, especialmente quando há atrasos ou problemas com as entregas. Certifique-se de que eles estejam sempre cientes do status das entregas e do que está sendo feito para resolver qualquer problema.

- **Ouvir as necessidades dos clientes:** Ouvir as necessidades dos clientes e tentar atendê-las é uma forma de construir confiança e fidelidade. Peça feedback regularmente e faça mudanças e melhorias de acordo com as sugestões dos clientes.

- **Garantir a qualidade:** Certifique-se de que os produtos ou serviços oferecidos atendam às expectativas do cliente e sejam de alta qualidade. Isso pode incluir verificar a qualidade dos produtos antes de enviá-los, ou garantir que os entregadores estejam sempre no horário.

- **Oferecer suporte:** Ofereça suporte aos clientes, respondendo perguntas e ajudando-os a resolver problemas ou dúvidas. Crie uma central de atendimento para garantir que os clientes possam entrar em contato facilmente.

- **Oferecer benefícios:** Ofereça benefícios exclusivos para os clientes, como descontos, brindes ou promoções especiais para fidelizar os clientes.

- **Criar um programa de fidelidade:** Crie um programa de fidelidade para recompensar os clientes que usam frequentemente o seu aplicativo.

- **Não ignorar as queixas:** Não ignore as queixas dos clientes, trate-as com seriedade e tente resolvê-las o mais rápido possível.

- **Acompanhar as métricas**: Acompanhe as métricas de satisfação do cliente, como a taxa de rejeição, tempo de resposta e avaliações do aplicativo, para identificar áreas de melhoria.

Fidelização de clientes

A fidelização de clientes é uma estratégia fundamental para garantir a continuidade do negócio e o crescimento a longo prazo.

Uma das melhores maneiras de fidelizar os clientes é criando um programa de fidelidade.

Aqui está um exemplo de estratégia para criar um programa de fidelidade eficaz para seu aplicativo de entrega:

- **Defina os objetivos:** Defina os objetivos do programa de fidelidade, como aumentar a retenção de clientes, aumentar a frequência de compras e aumentar o valor do ticket médio.

- **Escolha o modelo de programa:** Escolha o modelo de programa de fidelidade que melhor se adapta às necessidades do seu negócio, como programa de pontos, programa de níveis ou programa de cashback.

- **Defina as regras:** Defina as regras do programa de fidelidade, como como os clientes podem ganhar e trocar pontos, quais os prêmios disponíveis e qual a validade dos pontos.

- **Divulgue o programa:** Divulgue o programa de fidelidade para os clientes através de e-mails, mensagens push e redes sociais. Certifique-se de que todos os seus clientes saibam sobre o programa e como participar.

- **Ofereça benefícios exclusivos:** Ofereça benefícios exclusivos para os membros do programa, como descontos especiais, entregas gratuitas ou acesso a eventos exclusivos.

- **Faça acompanhamento:** Faça acompanhamento com os membros do programa, enviando e-mails regularmente para manter os clientes informados sobre os pontos acumulados, prêmios disponíveis e outras novidades relacionadas ao programa. Isso ajuda a manter os clientes engajados e motivados a continuar participando do programa.

Fidelização de clientes

- **Ofereça opções de recompensas personalizadas:** Ofereça opções de recompensas personalizadas para os clientes, como a escolha entre diferentes tipos de prêmios ou a possibilidade de trocar pontos por dinheiro. Isso ajuda a atender às necessidades individuais dos clientes e aumenta a satisfação do programa.

- **Faça avaliações regulares:** Faça avaliações regulares do programa de fidelidade, analisando as métricas, como a adesão ao programa, a frequência de compras e a satisfação do cliente. Use essas informações para fazer melhorias e adaptar o programa de acordo com as necessidades dos clientes.

- **Ofereça opções de parceria:** ofereça opções de parceria com outras empresas para que os clientes possam acumular pontos com outras marcas, isso aumenta ainda mais a atratividade do programa.

- **Faça uso de tecnologia para garantir a facilidade de uso:** Faça uso de tecnologia para garantir a facilidade de uso do programa, permitindo que os clientes acessem sua conta e troquem pontos através de seus smartphones ou computadores.

Criando um programa de fidelidade bem estruturado e oferecendo benefícios atrativos, você pode aumentar a retenção de clientes e aumentar o valor do ticket médio.

Além disso, é importante manter um bom relacionamento com os clientes e sempre buscar feedback para melhorar o programa.

Como monetizar seu aplicativo

Estratégias de receita

Existem várias estratégias que podem ser usadas para aumentar a receita de um aplicativo de entrega, incluindo:

- **Taxas de entrega:** Cobrar taxas de entrega é uma das principais fontes de receita para aplicativos de entrega. As taxas podem ser cobradas do cliente final ou do estabelecimento comercial.

- **Comissões sobre as vendas:** Outra estratégia é cobrar comissões sobre as vendas feitas através do aplicativo. Isso pode incluir comissões sobre as vendas de produtos ou serviços, ou sobre as entregas realizadas pelos entregadores.

- **Publicidade e patrocínios:** Oferecer espaços publicitários no aplicativo ou em suas redes sociais e atrair patrocinadores para o aplicativo pode ser uma forma de gerar receita adicional.

- **Oferecer serviços premium:** Oferecer serviços premium, como entregas expressas ou entregas programadas, é uma forma de gerar receita adicional.

- **Vender dados:** Vender dados coletados sobre os usuários do aplicativo, como informações demográficas e comportamentos de compra, é uma forma de gerar receita adicional.

- **Criação de parcerias:** Criar parcerias com outras empresas, como restaurantes ou lojas, e oferecer serviços exclusivos para os clientes dessas empresas.

- **Oferecer opções de pagamento:** Oferecer opções de pagamento como cartões de crédito, débito e outros, é uma forma de garantir a conveniência do cliente e aumentar a receita.

- **Oferecer opções de assinatura:** Oferecer opções de assinatura com descontos exclusivos para usuários frequentes é uma forma de fidelizar clientes e aumentar a receita.

Rentabilizando seu negócio

Existem várias maneiras de rentabilizar um negócio de aplicativo de entrega, incluindo:

- **Reduzir custos:** Reduzir custos operacionais, como custos de transporte, combustível e salários dos entregadores, é uma forma de aumentar a margem de lucro.

- **Aumentar o volume de entregas:** Aumentar o volume de entregas pode aumentar a receita e a margem de lucro. Isso pode ser feito através de estratégias de marketing e publicidade para atrair novos clientes, oferecendo opções de entrega rápida e criando parcerias com estabelecimentos comerciais.

- **Oferecer serviços adicionais:** Oferecer serviços adicionais, como entregas programadas ou entregas expressas, pode aumentar a receita e a margem de lucro.

- **Automatizar processos:** Automatizar processos, como gerenciamento de entregadores e rastreamento de entregas, pode ajudar a reduzir custos e aumentar a eficiência.

- **Analisar dados:** Analisar dados, como informações sobre os clientes e as entregas, pode ajudar a identificar oportunidades para aumentar a receita e reduzir custos.

- **Criar parcerias:** Criar parcerias com outras empresas, como restaurantes e lojas, pode aumentar o volume de entregas e a receita.

- **Aproveitar as tendências do mercado:** Aproveitar as tendências do mercado, como o aumento da entrega de comida em casa e o aumento do uso de aplicativos de entrega, pode ajudar a aumentar a receita e a lucratividade do negócio.

- **Oferecer opções de assinatura:** Oferecer opções de assinatura para usuários frequentes pode aumentar a receita e a fidelidade do cliente.

Rentabilizando seu negócio

- **Diversificar a base de clientes:** Diversificar a base de clientes, atraindo estabelecimentos comerciais e usuários finais, pode aumentar a receita e a estabilidade do negócio.

- **Oferecer opções de pagamento:** Oferecer opções de pagamento, como cartões de crédito e débito, pode aumentar a conveniência do cliente e a receita.

É importante testar e ajustar essas estratégias para garantir que estejam alinhadas com as necessidades do negócio e do mercado, e que estejam contribuindo para a rentabilidade do negócio.

Além disso, é importante manter um controle rigoroso dos custos e gastos, e monitorar constantemente as métricas-chave do negócio, como receita, lucro, volume de entregas e satisfação do cliente, para garantir que o negócio esteja se desenvolvendo de forma saudável e rentável.

Outra estratégia importante é investir em tecnologia e automação, para aumentar a eficiência e reduzir custos. Isso pode incluir o uso de ferramentas de rastreamento de entregas, gerenciamento de entregadores e automação de processos administrativos.

É também importante manter um bom relacionamento com os clientes, fornecedores e parceiros, e trabalhar para construir uma marca forte e confiável.

Isso pode incluir investir em marketing e publicidade, e fazer uso das redes sociais e outras ferramentas de mídia para construir uma base de seguidores leais e engajados.

Em resumo, rentabilizar um negócio de aplicativo de entrega requer uma combinação de estratégias, incluindo a redução de custos, aumento do volume de entregas, oferta de serviços adicionais, automação de processos, análise de dados, criação de parcerias, aproveitamento das tendências do mercado, oferta de opções de assinatura, diversificação de base de clientes, oferta de opções de pagamento e investimento em tecnologia e automação.

Monetização de dados

Monetizar dados é a prática de obter receita a partir da venda ou uso de dados coletados. Isso pode incluir dados sobre clientes, entregas, tendências de mercado e outras informações valiosas.

Existem várias maneiras de monetizar dados, incluindo:

- **Venda de dados a terceiros:** Vender dados coletados a outras empresas que possam encontrar valor nessas informações, como empresas de análise de mercado ou publicidade.

- **Oferecer insights personalizados:** Oferecer insights personalizados para clientes, como análise de tendências de mercado ou análise de dados de clientes, em troca de uma taxa.

- **Oferecer serviços de análise de dados:** Oferecer serviços de análise de dados para outras empresas, como ajudar a identificar oportunidades de negócios ou tendências de mercado.

- **Utilizar dados para melhorar o negócio:** Utilizar dados coletados para melhorar o negócio, como identificar áreas de melhoria na operação de entrega ou identificar clientes potenciais.

É importante lembrar que monetizar dados requer uma estratégia cuidadosa e é necessário estar ciente das regulamentações de privacidade e segurança de dados aplicáveis.

Além disso, é importante garantir que os dados estejam sendo coletados e usados de forma ética e transparente.

Como acompanhar as métricas e melhorar continuamente

Usando dados para tomar decisões estratégicas

Usar dados para tomar decisões estratégicas é uma prática cada vez mais comum nas empresas modernas. Isso permite que as empresas identifiquem tendências, oportunidades e problemas, e tomem decisões informadas para maximizar os resultados.

Existem várias maneiras de usar dados para tomar decisões estratégicas, incluindo:

- **Análise de dados:** Analisar dados coletados, como informações sobre clientes, entregas e tendências de mercado, para identificar tendências e oportunidades.

- **Criação de dashboards:** Criar dashboards para monitorar métricas-chave, como volume de entregas e receita, e identificar problemas ou oportunidades.

- **Uso de algoritmos:** Utilizar algoritmos para processar e analisar grandes volumes de dados, como dados de rastreamento de entregas, para identificar padrões e tendências.

- **Aproveitamento de tecnologias de inteligência artificial:** Utilizar tecnologias de inteligência artificial, como aprendizado de máquina, para identificar padrões e tendências em dados complexos.

- **Implementação de modelos de previsão:** Implementar modelos de previsão para prever tendências futuras e tomar decisões proativas.

- **Testes A/B:** Realizar testes A/B para comparar diferentes opções e identificar a melhor estratégia para aumentar a receita, reduzir custos, aumentar o volume de entregas e outros objetivos.

Além dessas técnicas, é importante ter uma equipe dedicada ao gerenciamento de dados e análise para garantir que as decisões estratégicas sejam baseadas em dados precisos e confiáveis.

Usando dados para tomar decisões estratégicas

Isso pode incluir a contratação de especialistas em análise de dados, ciência de dados e inteligência artificial para ajudar a interpretar e aproveitar os dados.

Também é importante estabelecer processos eficazes para coletar, armazenar e proteger dados.

Isso pode incluir a implementação de tecnologias de segurança de dados, como criptografia e autenticação, para garantir que os dados estejam protegidos contra acesso não autorizado e uso indevido.

Além disso, é importante ser transparente com os clientes sobre como os dados serão usados, e garantir que as políticas de privacidade e segurança de dados sejam seguidas.

Isso ajuda a construir confiança com os clientes e evitar problemas legais.

Por fim, é importante manter-se atualizado sobre as tendências e regulamentações em torno do uso de dados, para garantir que a empresa esteja sempre em conformidade e pronta para aproveitar as oportunidades de negócios.

Acompanhamento de métricas-chave

Acompanhar métricas-chave é importante para entender como está se desempenhando o negócio e tomar decisões informadas para melhorar os resultados. Algumas métricas-chave comuns para acompanhar em um aplicativo de entregas incluem:

- **Volume de entregas:** o número de entregas realizadas em um período de tempo específico. Isso pode ser dividido por região, tipo de entrega e outros fatores para obter insights mais detalhados.

- **Taxa de conversão:** a proporção de visitantes do aplicativo que efetivamente realizam uma entrega. Isso pode ajudar a identificar problemas com a usabilidade do aplicativo ou dificuldades com a disponibilidade de entregadores.

- **Receita:** a quantia de dinheiro gerada por entregas realizadas. Isso pode ser dividido por região, tipo de entrega e outros fatores para obter insights mais detalhados.

- **Tempo médio de entrega:** o tempo médio entre o pedido e a entrega realizada. Isso pode ajudar a identificar problemas com a logística ou dificuldades com a disponibilidade de entregadores.

- **Taxa de cancelamento:** o número de pedidos cancelados em relação ao número total de pedidos. Isso pode ajudar a identificar problemas com a usabilidade do aplicativo ou dificuldades com a disponibilidade de entregadores.

- **Feedback do usuário:** as avaliações e comentários dos usuários sobre o aplicativo e as entregas realizadas. Isso pode ajudar a identificar problemas com a qualidade do serviço e proporcionar insights para melhorias.

É importante estabelecer objetivos claros para cada métrica-chave e estabelecer planos de ação para melhorar os resultados onde necessário.

Além disso, é importante acompanhar essas métricas regularmente para garantir que a empresa esteja sempre alinhada com seus objetivos e proporcionando um serviço de qualidade para os seus clientes.

Otimização de processos

A otimização de processos é a prática de identificar e melhorar os processos existentes na empresa, a fim de torná-los mais eficientes e eficazes. Isso pode incluir a automatização de tarefas manuais, a eliminação de etapas desnecessárias e a implementação de novas tecnologias.

Algumas dicas para otimizar processos em um aplicativo de entregas incluem:

- **Identificar gargalos:** Identificar as etapas do processo que estão causando atrasos ou dificuldades e priorizar a melhoria dessas áreas.

- **Automatizar tarefas:** Automatizar tarefas manuais, como o envio de confirmações de pedido e atualizações de status de entrega, para economizar tempo e reduzir erros.

- **Integrar sistemas:** Integrar os sistemas de gestão de entregas, pagamentos e outras áreas críticas para garantir que as informações estejam sempre atualizadas e precisas.

- **Melhorar a comunicação:** Implementar canais de comunicação eficazes, como chatbots e mensagens automatizadas, para melhorar a comunicação com os clientes e entregadores.

- **Utilizar tecnologias:** Utilizar tecnologias avançadas, como inteligência artificial e aprendizado de máquina, para otimizar processos de planejamento de rotas e alocar entregadores.

- **Monitorar e avaliar:** Monitorar e avaliar continuamente os processos para identificar áreas de melhoria continua e garantir que os processos sejam otimizados.

Ao otimizar processos, é importante envolver toda a equipe e garantir que todos estejam alinhados com os objetivos e entendam suas responsabilidades.

Além disso, é importante medir os resultados da otimização para garantir que os processos estejam realmente melhorando e proporcionando benefícios para a empresa.

Como se preparar para o futuro

Tendências futuras no mercado de entregas

As tendências futuras no mercado de entregas incluem:

- **Aumento da demanda por entregas rápidas e flexíveis:** Com a crescente expectativa dos consumidores por entregas rápidas e flexíveis, as empresas estão buscando formas de aumentar a velocidade e a precisão das entregas, incluindo a utilização de veículos elétricos e drones para entregas principalmente em países mais desenvolvidos.

- **Crescimento do comércio eletrônico:** Com o aumento da popularidade do comércio eletrônico, as empresas estão buscando formas de atender às necessidades dos consumidores, incluindo a oferta de entregas rápidas e convenientes.

- **Maior uso de tecnologias avançadas:** A utilização de tecnologias avançadas, como inteligência artificial e aprendizado de máquina, está se tornando cada vez mais comum para otimizar processos de planejamento de rotas e alocar entregadores.

- **Aumento da competição:** Com o aumento do número de empresas oferecendo serviços de entregas last mile, a competição está se intensificando e as empresas estão buscando formas de se diferenciar, incluindo a oferta de entregas personalizadas e soluções de entrega avançadas.

- **Crescimento do mercado de entregas last mile no Brasil:** O mercado de entregas last mile no Brasil está em crescimento exponencial, com o aumento da demanda por entregas rápidas e flexíveis e o crescimento do comércio eletrônico. Além disso, o grande potencial do mercado de last mile no Brasil é reforçado pelo crescimento do e-commerce no país e pela expansão das redes de transportes e logísticas.

Tendências futuras no mercado de entregas

- **Sustentabilidade:** A preocupação com a sustentabilidade está crescendo e as empresas estão buscando formas de tornar suas operações mais amigáveis ao meio ambiente, incluindo a utilização de veículos elétricos e bicicletas para entregas, a otimização de rotas para reduzir a emissão de gases de efeito estufa e a implementação de práticas de reciclagem e reutilização. Além disso, muitas empresas estão investindo em soluções de entrega compartilhada, onde várias entregas são realizadas em uma única viagem, o que também contribui para a redução da pegada de carbono.

- **Pagamentos digitais:** Com o aumento do uso de pagamentos digitais, as empresas de entregas last mile devem estar preparadas para aceitar pagamentos através de cartão de crédito, débito, QR code e outros meios digitais, tornando as transações mais rápidas e seguras.

- **Integração com as redes sociais:** As empresas de entregas last mile estão cada vez mais utilizando as redes sociais para se conectar com os seus clientes e entregadores, oferecer suporte, e promover seus serviços.

- **Entregas personalizadas:** As empresas de entregas last mile estão buscando formas de oferecer entregas personalizadas, como entregas em horários específicos, entregas em áreas remotas, entregas de grandes volumes e entregas com seguros adicionais.

- **Utilização de aplicativos:** A utilização de aplicativos para gerenciar entregas está crescendo cada vez mais, pois eles permitem que os clientes acompanhem o status de suas entregas em tempo real, e os entregadores possam acessar informações importantes e receber orientações para realizar suas entregas.

Em resumo, as tendências futuras no mercado de entregas incluem o aumento da automação, mudanças no modo de transporte, aumento do comércio eletrônico, inteligência artificial e aprendizado de máquina, crescimento da entrega last mile, integração com sistemas de pagamento, uso de dados e entregas personalizadas.

Essas tendências têm como objetivo aumentar a eficiência, reduzir custos e melhorar a experiência do usuário.

Como se preparar para elas

As empresas que estiverem preparadas para se adaptar a essas tendências e investir em tecnologias avançadas terão uma vantagem competitiva no mercado.

Para se preparar para as tendências futuras no mercado de entregas, as empresas devem:

- **Investir em tecnologias de automação:** Investir em tecnologias de automação, como drones, robôs e veículos autônomos e elétricos, pode ajudar a aumentar a eficiência e reduzir os custos.

- **Adotar soluções de transporte sustentáveis:** Adotar soluções de transporte mais sustentáveis, como bicicletas e veículos elétricos, pode ajudar a reduzir a pegada de carbono e atender às expectativas dos consumidores.

- **Se preparar para o aumento do comércio eletrônico:** As empresas devem estar preparadas para atender às necessidades dos consumidores, oferecendo entregas rápidas e convenientes.

- **Investir em inteligência artificial e aprendizado de máquina:** As empresas devem investir em tecnologias de inteligência artificial e aprendizado de máquina para otimizar processos de planejamento de rotas e alocar entregadores.

- **Se preparar para o crescimento da entrega last mile:** As empresas devem estar preparadas para atender às necessidades dos consumidores, oferecendo entregas rápidas e convenientes, especialmente em áreas urbanas.

- **Integrar sistemas de pagamento:** As empresas devem buscar formas de integrar seus sistemas com diferentes meios de pagamento, tornando as transações mais rápidas e seguras.

- **Investir em dados:** As empresas devem coletar e analisar grandes quantidades de dados para tomar decisões estratégicas e otimizar seus processos de entrega.

Como se preparar para elas

- **Oferecer entregas personalizadas:** As empresas devem buscar formas de oferecer entregas personalizadas, incluindo entregas em horários específicos, entregas em áreas remotas e entregas com seguros adicionais.

Essas são algumas das principais medidas que as empresas podem tomar para se preparar para as tendências futuras no mercado de entregas. É importante estar sempre atento às mudanças no mercado e estar disposto a se adaptar rapidamente.

Além disso, é importante investir em equipes altamente capacitadas e em soluções tecnológicas avançadas, para garantir que a empresa esteja sempre um passo à frente da concorrência.

E também, é importante manter-se atualizado sobre as regulamentações e leis relacionadas a entregas, para garantir que a empresa esteja sempre em conformidade e evitar problemas legais no futuro.

Importância de estar sempre atualizado e adaptável

Estar sempre atualizado e adaptável é fundamental para o sucesso de qualquer empresa, especialmente no mercado de entregas, que está em constante evolução.

As tendências e tecnologias estão mudando rapidamente, e as empresas que não estão preparadas para se adaptar a essas mudanças podem ficar para trás.

Manter-se atualizado significa estar sempre em busca de novas informações e tendências no mercado, acompanhando as principais notícias e pesquisando as soluções tecnológicas mais recentes.

Além disso, as empresas devem estar abertas a mudanças e dispostas a experimentar novas ideias e abordagens.

Adaptabilidade também é importante para lidar com problemas inesperados e aproveitar as oportunidades de negócios.

As empresas que conseguem se adaptar rapidamente às mudanças no mercado são mais capazes de se recuperar de desafios e aproveitar as oportunidades.

Além disso, adaptabilidade é importante para se manter competitivo no mercado.

As empresas que conseguem se adaptar rapidamente às mudanças no mercado são mais capazes de se destacar e oferecer soluções diferenciadas para seus clientes.

Em resumo, as empresas que desejam ter sucesso no mercado de entregas devem estar sempre atualizadas e adaptáveis, acompanhando as tendências e tecnologias mais recentes e estando abertas a mudanças e novas ideias.

Conclusão do livro

Em conclusão, este livro abordou as principais questões relacionadas ao lançamento de um aplicativo de entregas, desde a história dos aplicativos de entrega até as tendências futuras no mercado.

Foi discutido sobre como escolher as funcionalidades certas, garantir a qualidade do aplicativo, importância do design e experiência do usuário, estratégias para crescer e se manter competitivo no mercado, além de dicas práticas de marketing eficaz, gerenciamento de equipes e recursos, e diferenciação da concorrência.

Também foi discutido sobre a importância de atrair usuários para o seu aplicativo, focando em estabelecimentos comerciais como restaurantes, e como recrutar entregadores de forma eficaz.

Foi abordado o relacionamento com o cliente, fidelização de clientes e estratégias de receita, rentabilizando seu negócio e aumentando o volume de entrega.

Foi discutido sobre monetização de dados, usando dados para tomar decisões estratégicas, acompanhamento de métricas-chave, otimização de processos, tendências futuras no mercado de entregas last mile.

E como se preparar para essas tendências, como investir em tecnologias avançadas, adotar soluções de transporte sustentáveis, se preparar para o crescimento do comércio eletrônico, integrar sistemas de pagamento e oferecer entregas personalizadas.

Este livro foi escrito com o objetivo de fornecer informações valiosas e dicas práticas para empreendedores que desejam lançar seu próprio aplicativo de entregas.

Esperamos que essas informações possam ser úteis para ajudar os leitores a alcançarem seus objetivos de negócios.

Muito obrigado pela leitura e nos vemos no próximo livro!

Guilherme Miranda